DISCOURS

PRONONCÉS LE 5 JUIN 1876

AUX FUNÉRAILLES

DE

M. LE DR PÉTREQUIN

EX-CHIRURGIEN EN CHEF DE L'HÔTEL-DIEU,

EX-PRÉSIDENT DE L'ACADÉMIE DES SCIENCES, BELLES-LETTRES ET ARTS DE LYON,

EX-PRÉSIDENT DE LA SOCIÉTÉ DE MÉDECINE DE LYON,

PROFESSEUR HONORAIRE DE L'ÉCOLE DE MÉDECINE DE LYON,

ADMINISTRATEUR DU DISPENSAIRE GÉNÉRAL,

MEMBRE DE PLUSIEURS SOCIÉTÉS SAVANTES FRANÇAISES ET ÉTRANGÈRES,

CHEVALIER DE LA LÉGION D'HONNEUR

OFFICIER DE L'INSTRUCTION PUBLIQUE, ETC.

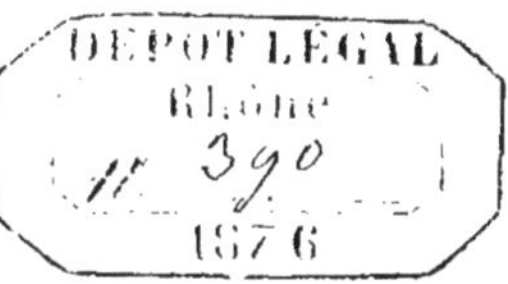

LYON

IMPRIMERIE D'AIMÉ VINGTRINIER,

RUE BELLE-CORDIÈRE, 14.

1876

DISCOURS

PRONONCÉS LE 5 JUIN 1876 AUX FUNÉRAILLES

DE

M. LE DR PÉTREQUIN

DISCOURS DU Dr TEISSIER

Au nom de l'Académie de Lyon.

MESSIEURS,

Depuis longtemps, la médecine, les sciences et les lettres lyonnaises, n'avaient été plongées dans un aussi grand deuil. L'émotion a gagné la ville entière, qui sent bien qu'elle vient de perdre une de ses illustrations.

Il m'a été donné de suivre dans toutes les phases de son existence médicale, l'homme éminent auquel nous venons dire un suprême adieu. Je l'ai vu et observé de près, dans les hôpitaux, à l'Ecole, et à la Société de médecine, au Dispensaire général, à l'Académie. Partout j'ai retrouvé en lui les caractères du vrai savant. Partout et constamment, il m'a étonné par son culte ardent et presque excessif pour le travail, par sa vaste

et rare intelligence, par ses connaissances multiples et
étendues.

Le nombre des écrits publiés par M. Pétrequin est
considérable et des plus variés. Il y a peu de sujets de
chirurgie sur lesquels il n'ait fait des recherches utiles.
Jeune encore et chirurgien en chef désigné de l'Hôtel-
Dieu, il faisait déjà des cours d'anatomie chirurgicale
très-suivis des élèves et publiait, sur cette partie
importante de la science, un livre fort estimé qui a eu
les honneurs d'une traduction en plusieurs langues. Le
nom de M. Pétrequin vint se placer de bonne heure à
côté de ceux des maîtres les plus connus, et il acquit
très-vite une légitime autorité.

Je ne parlerai ni des luttes de concours, dans lesquel-
les il remporta de glorieuses palmes, ni de ses services
hospitaliers, bien qu'ils me soient particulièrement
connus et qu'ils aient laissé des souvenirs qui placent
M. Pétrequin à côté des Viricel, Bouchet, Janson, Gen-
soul, Bonnet, Barrier, tous maîtres vénérés, que nous
avons eu le bonheur de connaître et d'entendre, et dont
plusieurs furent nos amis. J'aime trop les hôpitaux et
leur communauté pour les oublier ici, mais je sais qu'ils
sont très-dignement représentés dans cette triste réu-
nion, et je dois me souvenir que j'apporte mon tribut
d'hommages surtout en mon nom personnel et au nom
de l'Académie.

Comme professeur, M. Pétrequin a eu une sérieuse
influence sur notre Ecole. Dans la chaire de clinique,
comme dans celle de pathologie, son enseignement
avait un caractère remarquable de préparation soi-

gneuse, d'exposition méthodique et lucide, de critique judicieuse et de savante érudition. L'enseignement de Janson, son éloquent prédécesseur, attirait par la chaleur et l'originalité de la parole. Celui de M. Pétrequin fixait l'attention par la rigueur scientifique et la richesse des démonstrations. Malheureusement, la maladie le força d'interrompre ses leçons longtemps avant l'àge, et le condamna du même coup à résigner des fonctions qui lui tenaient au cœur, et de se séparer d'une Ecole à l'élévation de laquelle il avait consacré les plus louables efforts.

Mais la chirurgie pure et l'enseignement ne suffisaient pas à son activité dévorante, et à sa nature un peu fiévreuse. Il avait conservé de ses études du lycée l'amour passionné des langues anciennes, dont il avait admiré avec enthousiasme les chefs-d'œuvre. Le culte des auteurs grecs et latins devait porter ses fruits. C'est à lui que nous devons de nombreux et importants écrits sur la chirurgie d'Hippocrate, sur les œuvres d'Homère, de Virgile, de Pètrone etc., dont il offrit les prémices à l'Académie.

C'est à l'Académie, en effet, que M. Pétrequin put faire surtout briller la variété et l'étendue de ses connaissances. C'est dans le sein de cette compagnie savante que nous avons entendu les principales études littéraires de notre collègue sur les ouvrages du Père de la Médecine, sur Oribase, sur les plus tendres poésies du chantre des bucoliques, sur les œuvres satyriques du poète contemporain de Néron, puis, dans un ordre bien différent, un beau travail sur les vers pleins de charme de son ami Eugène Faure, qu'il a révélés au monde des lettres, une savante appréciation du gigantesque monument élevé par M. Littré à la gloire de la langue française, dissertation analytique et critique digne du monument lui-même.

Dans ses productions médicales, M. Pétrequin a montré sa puissante et profonde érudition, et sa grande expérience pratique. Dans ses études sur Virgile, sur Pétrone et sur Eugène Faure, il a mis au grand jour, à côté d'une immense instruction et d'un goût critique fin et sûr, une qualité que peu de personnes avaient devinée, une sensibilité délicate et souvent frémissante, qui, combinée avec la sévérité consciencieuse de son esprit, explique une impressionnabilité excessive, qui a dû souvent le faire souffrir.

Président de notre Académie, il sut imprimer aux travaux de notre compagnie la plus utile activité. Dans toutes les sociétés auxquelles il a appartenu, le fauteuil présidentiel lui revint bien vite de droit. On était heureux de lui décerner partout cet honneur, pour lequel il semblait né. On savait bien que peu de personnes étaient capables d'occuper la première place avec autant de distinction, et de faire rejaillir le même éclat sur leurs collègues. Aussi faudra-t-il de longues années pour combler la large place qu'il s'était faite parmi nous.

Ce n'est pas seulement un souvenir pieux, c'est un hommage de reconnaissance que l'Académie dépose sur le bord de cette tombe. Notre compagnie a tenu à faire entendre sa voix dans cette lugubre cérémonie, à rendre un suprème hommage au savant courageux, à l'érudit consciencieux et infatigable que la maladie même n'a jamais pu arrêter, et à s'associer à la douleur si légitime de sa digne et honorable famille.

Dans ce champ de la mort, où les rivalités s'éteignent, où les choses vaines disparaissent, et où, suivant l'expression du moraliste, « le temps passe et repasse en semant l'homme à pleines mains, » il est à la fois triste et doux d'évoquer le souvenir des nombreux collègues disparus, des grands exemples laissés par eux, et de les confondre dans un sentiment commun de sympathie respectueuse et de regrets. A ce titre, nous ne pouvons séparer aujourd'hui le nom de M. Pétrequin de ceux des prédécesseurs illustres à côté desquels il va maintenant reposer, et avec qui il a vaillamment travaillé à la gloire de l'Académie, de la Médecine lyonnaise et de notre cité.

DISCOURS DU Dr RODET

Au nom de la Société de médecine de Lyon.

MESSIEURS,

Je viens, au nom de la Société nationale de médecine, adresser un adieu suprème à l'un de ses membres
les plus illustres, dont la mort est pour elle un sujet de
tristesse et de deuil.

Plusieurs de nos collègues auraient pu, bien mieux
que moi, vous dire l'influence considérable que M.
Pétrequin avait exercée pendant plus de trente ans sur
cette Société, l'activité prodigieuse qu'il y avait déplo-
yée et les améliorations qu'il avait contribué à faire
introduire dans son règlement. Mais puisque mon titre
de Président me confère le périlleux honneur de vous
parler de lui, je me console de mon insuffisance en
pensant que des voix éloquentes vous ont déjà fait et
vous feront encore connaître l'éminent collègue que
nous étions heureux et fiers de compter parmi nous.

Les anciens condisciples de M. Pétrequin savent que
sa jeunesse fut entièrement consacrée à l'étude et à
la méditation et que les brillants succès qu'il obtint
alors furent la récompense toute naturelle du travail

le plus opiniâtre mis au service d'une intelligence d'élite.

Son amour pour l'étude ne se ralentit jamais. Arrivé au poste le plus envié par la jeunesse médicale, il ne considéra sa position nouvelle que comme un puissant moyen d'agrandir encore ses connaissances déjà si variées et si étendues, et on le vit bientôt mettre au jour un livre sur *l'Anatomie topographique médico-chirurgicale* qui a été traduit en trois langues et qui est devenu classique en Allemagne, en Italie et en Espagne.

Passionné pour la recherche de la vérité, il porta ses investigations sur les points les plus variés et il parvint, plus d'une fois, à doter la pratique de précieuses découvertes. Qu'il me suffise de citer sa méthode de traitement des anévrismes par la *galvano-puncture*, méthode qui produisit une sensation profonde dans le monde médical.

Mais sa passion pour l'étude ne se bornait pas aux questions de pratique. Littérateur très-érudit, il cherchait à élucider les textes grecs et latins qui avait reçu des interprétations diverses, et plusieurs fois il fut assez heureux pour apporter la lumière là où avait régné jusqu'alors une profonde obscurité.

Ses nombreuses publications ne tardèrent pas à le faire connaître au loin dans le monde savant. De très-bonne heure il fut appelé à faire partie de la Société de médecine, et bientôt après il fut nommé professeur à l'Ecole de médecine, chevalier de la Légion d'honneur, membre, puis Président de l'Académie des sciences, belles-lettres et arts de Lyon ; Président de la Société de médecine, médecin consultant et administrateur du Dispensaire général, et, enfin, membre correspondant de la Société de chirurgie et d'un très-grand nombre d'autres sociétés savantes. Mais parmi tant de corps savants auxquels il était fier d'appartenir, celui qu'il affectionnait entre tous, était, sans contredit, notre Société nationale de médecine. Là, il se sentait au millieu de confrères qui comprenaient sa haute valeur et il avait conscience de la légitime influence qu'il exerçait sur l'ensemble de leurs travaux. Pouvait-il douter de l'ascendant que sa longue expérience avait conquis sur cette Société lorsqu'il voyait toutes les commissions nommées au scrutin le compter parmi leurs membres, et lorsque ses collègues l'avaient choisi pour présider les deux émanations les plus actives et les plus importantes de la Société, c'est-à-dire la commission permanente de vaccine et celle des maladies régnantes ?

M. Pétrequin aimait passionnément la médecine, comme il l'a prouvé dans tous ses écrits. Tous, en effet, respirent la foi la plus ardente dans les méthodes et dans les procédés dont l'art dispose pour combattre les maladies. Auprès des malades, il apportait aussi cette foi vive qui lui donnait la force de lutter, même dans les cas les plus graves et de relever les courages les plus abattus.

Sous des dehors quelque peu rudes, M. Pétrequin avait un fond d'une inestimable valeur. Il avait un cœur excellent et il s'attachait très-sincèrement à ceux qui avaient su l'apprécier et qui lui avaient accordé leur amitié. Son esprit était des plus cultivés et son jugement était d'une rectitude remarquable. Il avait horreur de l'injustice et les paradoxes n'avaient pas d'adversaires plus impitoyables que lui. Sa parole était lente mais correcte, nette et concise et sa logique était serrée et persuasive ; aussi était-il rare qu'il n'entraînât pas ses auditeurs à adopter son opinion, lorsqu'il avait discuté à fond une question scientifique.

La vie de M. Pétrequin s'est passée tout entière dans l'étude et le recueillement, et les écrits qui sont sortis de sa plume ont nécessité une activité prodigieuse. Son dernier ouvrage, auquel il avait consacré plus de trente ans, est sa *Traduction de la chirugie d'Hippocrate*, avec commentaires et annotations. Cette œuvre considérable qu'il avait à peine achevée fera désormais partie de la *Bibliothèque des médecins grecs et latins*, car elle a obtenu l'insigne honneur d'être éditée par l'Imprimerie nationale.

Philosophe et savant, M. Pétrequin n'a jamais connu les plaisirs frivoles, pas plus dans sa jeunesse que dans son âge mûr. Il ne fut jamais distrait de ses occupations favorites que par les soins consacrés à la famille, et tous ceux qui l'ont connu savent quel amour, quel respect, j'allais dire quel culte il avait pour sa mère. Ils savent aussi par quels soins tendres et touchants celle-ci savait lui prouver chaque jour son attachement, son dévoûement et son admiration.

Tant de labeur devait à la fin user la constitution

originairement robuste de M. Pétrequin. Depuis quelque temps, ses parents et ses amis commençaient à con-
cevoir des inquiétudes sérieuses sur sa santé. Un mal
profond le minait sourdement. On le voyait décliner
chaque jour. Le dévoûement le plus absolu aidé de
toutes les ressources que peut donner la science, ainsi
que les soins les plus vigilants de sa famille et de ses
amis, n'ont pu conjurer l'issue fatale, et notre collègue
a vu venir la mort avec calme et résignation. C'est
qu'il n'était pas de ceux qui croient qu'au-delà de la
tombe il n'y a que le néant. Il croyait à l'immortalité de
l'âme, et cette croyance a soutenu sa longue agonie.

Et nous aussi, cher et vénéré maître, nous croyons
que votre belle âme n'est pas anéantie mais qu'elle
trouve dans le Ciel la récompense de tout le bien qu'elle
a fait ici bas.

Qu'il nous soit donc permis de vous dire, sur le bord
de cette tombe où vous allez descendre, non seulement
adieu mais aussi *au revoir*.

DISCOURS DU D' FOLTZ

Au nom de l'Ecole de médecine.

MESSIEURS,

L'Ecole de Médecine me charge d'apporter sur la tombe d'un de ses professeurs honoraires un tribut d'hommages et de regrets; à un maître qui m'a honoré de son amitié j'apporte mon témoignage de gratitude et d'affection. M. Pétrequin appartenait à l'Ecole depuis sa première réorganisation en 1842, d'abord comme professeur suppléant, ensuite comme professeur adjoint de clinique chirurgicale. Nommé professeur titulaire de pathologie chirurgicale et médecine opératoire en 1854, il fut admis à la retraite en 1873. Il avait donc professé pendant trente ans ; mais, dans les dernières années, il avait dû se faire suppléer ; l'état de sa santé ne lui permettait plus de soutenir les fatigues et surtout les émotions du professorat.

Naturellement timide et très-impressionnable sous une apparence froide, Pétrequin n'entrait jamais dans sa chaire sans une profonde émotion. Sa voix, d'abord tremblante et mal assurée, avait bientôt repris le calme et conquis son auditoire. Le savant praticien commandait vite l'attention par la clarté de son exposition, par l'étendue de son érudition, et par ce mélange heureux de la théorie et de la pratique qui distinguait sa méthode. Pétrequin avait compris l'enseignement dans ce qu'il a de plus élevé. Non-seulement il connaissait tous les travaux antérieurs qui s'étaient faits sur le sujet de sa leçon, mais il y ajoutait les perfectionnements que ses recherches personnelles et sa longue expérience y avaient apportés ; il entrait dans les détails de ses procédés ; il indiquait la manière dont y il était parvenu ; vulgarisateur exact et inventeur passionné, il enseignait l'art de créer des méthodes et des procédés nouveaux en présence des difficultés nombreuses de la pratique que la science classique n'a pu encore prévoir ou du moins résoudre. Cette méthode qui étudie et perfectionne sans cesse jetait beaucoup d'intérêt sur ses leçons : elles étaient très-suivies et très-profitables à ses élèves et à la science.

Plusieurs de ses publications portent le cachet de son enseignement. Parmi celles-ci nous devons citer son *Traité d'Anatomie topographique médico-chirurgicale* qui a eu deux éditions et a été traduit en plusieurs langues. Cet excellent livre classique, un des meilleurs que nous ayons sur la matière, est une œuvre originale par la *couleur médicale* que l'auteur a su lui imprimer, par sa méthode qui associe dans un intérêt commun l'élément anatomique et l'élément pathologique, par la clarté et l'exactitude des descriptions, par une érudition immense, par les perfectionnements nombreux dont il a enrichi la pathogénie, la physiologie, la chirurgie et la médecine dans leurs rapports avec l'anatomie.

Les aptitudes si diverses de Pétrequin le portaient à

entreprendre une foule de travaux. Athlète infatigable de l'étude, il s'est dévoué pour elle jusqu'au sacrifice de la vie. Que de fois la lutte avec la pensée et les livres a troublé son sommeil ! Un soir qu'il travaillait à la traduction des œuvres d'Hippocrate, il se couche avant d'avoir pu résoudre une difficulté d'interprétration. L'idée qui le domine arrête le sommeil; il se lève, s'habille et parcourt, en proie à sa pensée les rues de Lyon. Le calme et la fraîcheur de la nuit amenant plus de lucidité, il trouve enfin le problème et s'écrie comme Archimède : *Euréka*. Il rentre alors se coucher et s'endort jusqu'au matin.

Méthodique et sévère lorsqu'il s'agissait de la science, il n'était plus le même homme dans l'intimité. Au milieu de sa famille et de ses amis, il était gai, affable, agréable causeur. Il fallait l'approcher pour le bien connaître. Pour nous qui avons eu cet honneur, nous pouvons dire qu'il n'épargnait pour ses amis ni son temps ni sa peine.

Le nom de Pétrequin est une des gloires de la médecine lyonnaise, une des renommées scientifiques de l'Europe. Je laisse à d'autres plus autorisés le soin de rappeler tous ses travaux scientifiques et littéraires, tous ses titres honorifiques. Sa vie fut un enseignement, sa mort est un deuil public. De nombreux clients le pleurent; ses élèves, ses collègues, ses amis associent leur douleur à celle de sa famille. Puisse-t-elle trouver dans ces regrets unanimes un adoucissement à ses peines et une consolation dans l'éclat de son nom.

DISCOURS DU Dr DESGRANGES

Messieurs,

La loi inéluctable qui condamne toute existence à
finir n'apparaît jamais plus redoutable ni plus doulou-
reuse que lorsqu'elle brise une vie consacrée au bien,
riche d'œuvres intellectuelles, au milieu de l'estime
générale, et surtout à un âge qui permettait encore
d'espérer quelques bonnes années.

Tous ces motifs de tristesse, nous les trouvons dans
la mort de M. Pétrequin, que nous avions pris l'habi-
tude d'écouter comme un maître et de voir parmi nous
comme une illustration.

Travailleur infatigable, animé du désir d'être utile,
poussé constamment par l'amour de la science, il n'y
avait pour lui ni trève ni repos ; une recherche succé-
dait à une autre ; une vérité à démontrer, une erreur à
combattre le trouvaient toujours prêt, ne calculant ni
le temps ni la peine, pourvu qu'il arrivât à mettre en
lumière ce qui était obscur, inexploré avant lui. —
Peut-être même n'a-t-il point calculé la juste mesure
de ses forces et doit-il compter parmi les victimes tom-
bées avant l'heure, dans le domaine de l'intelligence,
surtout si l'on songe que le sentiment du devoir le

dirigea, durant sa carrière, dans ses fonctions publiques et dans les actes de sa vie privée.

Je passerai sous silence les jeunes années de M. Pétrequin que je n'ai pas connues ; je prendrai l'homme au moment où il apparaît sur son véritable théâtre, je veux dire au sein des hôpitaux.

Nommé chirurgien en chef de l'Hôtel-Dieu, en 1837, à la suite d'un brillant concours, il consacre les six premières années de son service à de fortes études spéciales, et prépare ainsi les matériaux d'un traité d'anatomie et de diverses publications bien appréciées du monde savant. Une fois chirurgien en chef, son zèle grandit avec la tâche, trouvant le juste équilibre à garder entre les attractions de la science et les devoirs à remplir envers la population malheureuse des hôpitaux.

Je l'ai vu à l'œuvre pendant que j'étais son interne, et je puis dire qu'il est resté pour moi le modèle du chef de service. Régulier, ponctuel dans ses visites, il nous donnait l'exemple de l'exactitude ; précis, minutieux même dans l'étude des maladies, il se distinguait par la sûreté de son diagnostic ; puis, grâce à son savoir, il instituait le traitement à l'aide des moyens les plus rationnels ; mais si la thérapeutique se trouvait insuffisante par défaut de procédés, le chirurgien savait ouvrir une route nouvelle et créer des ressources alors que toute intervention semblait contre-indiquée.

Le soin des malades le préoccupait par-dessus tout : attentif, dévoué, il n'était jamais à bout de ressources, jamais découragé dans la lutte trop souvent inégale

que le médecin engage contre les éléments morbides.
— Plus que personne j'en parle avec connaissance de
cause, puisque j'ai fait l'expérience personnelle de cet
ordre de qualités dans une maladie grave pendant mon
internat. Aussi, la reconnaissance que j'en ai conçue,
le souvenir que j'en ai gardé ne sont point affaiblis par
le grand nombre d'années écoulées depuis cette époque.
Eh ! d'ailleurs, faut-il un témoignage plus imposant
que le mien ? Interrogez les sœurs de l'Hôtel-Dieu qui
ont connu le majorat de 1844 à 1849 ; toutes se le remé-
morent comme un bon temps, preuve que tous les
soulagements étaient donnés aux pauvres assistés, dans
la mesure du possible. Elles ont jugé ce qui se faisait alors, non par la science qu'elles ignorent, mais
par le cœur qui les dirige et les soutient dans leur
vie d'abnégation et de dévouement. — Et maintenant, à l'heure des funérailles, que dit-on dans le
grand hôpital ? La même chose sous mille formes...
Le même éloge est sur toutes les lèvres..... L'homme de bien est proclamé par tous, et d'unanimes regrets honorent sa mémoire !...

M. Pétrequin était naturellement bon ; son accueil,
un peu froid d'abord, ne tardait pas à devenir bienveil-
ant et sympathique, et son amitié restait acquise à
ceux qui avaient su conquérir son estime.

Les tribulations de la vie professionnelle, si lourdes
pour tous les praticiens, ne le trouvèrent jamais indiffé-
rent. Un des premiers, il concourut à la fondation de
l'Association de prévoyance des médecins du Rhône ;
il en géra les épargnes au début ; puis, lorsque des tra-

vaux multiples lui rendirent trop lourdes les fonctions de trésorier, il reçut le titre d'*Honoraire* et continua de prendre une part active à l'administration de la Société. Ses vues étaient droites, ses avis sages, son opinion toujours reçue avec déférence et très-habituellement suivie. Faut-il s'en étonner? Nullement, car ses idées étaient la résultante des meilleures intentions confraternelles et des méditations sérieuses d'une intelligence épurée au contact des hommes.

Tout chez M. Pétrequin dénotait une nature d'élite : son regard un peu voilé révélait le penseur, son front arge et saillant laissait pressentir l'étendue et la variété de ses facultés ; son attitude ferme et réservée dénotait une volonté forte, prête à lutter contre les obstacles, patiente à surmonter toutes les difficultés.

Lui aussi dut briser ces mille entraves semées sur la route qui conduit à une situation plus élevée. Nous ne savons pas tout ce qu'en ressentit de souffrances sa nanature nerveuse, impressionnable ; mais ce qui reste évident pour tous, c'est qu'il a marché sans faiblir dans une voie tracée suivant la ligne droite.

Ce n'était point assez des travaux hospitaliers pour dépenser l'activité de M. Pétrequin ; l'enseignement devait aussi lui demander un labeur quotidien ; ne fallait-il pas que son esprit méthodique apprît à la jeunesse comment on étudie, comment on clasee les vastes connaissances nécessaires pour exercer l'art médical avec sécurité.

D'abord la clinique chirurgicale profita de son expérience, de son habileté ; puis le cours de pathologie externe mit en relief son érudition et la clarté de ses démonstrations. Rude tâche que celle de se tenir constamment au courant d'une science qui progresse, dans laquelle les théories sont nombreuses et soumises à des perfectionnements journaliers. Aussi, nul ne peut se flatter de supporter ce fardeau toute la vie ; bien souvent la prudence conseille de le déposer pour n'en pas être écrasé ; c'est ce que fit M. Pétrequin en 1873, après avoir occupé les chaires universitaires pendant plus de trente ans.

Toutefois, ce professeur ne pouvait se retirer sans qu'un lien le rattachât à l'Ecole. Il fut donc nommé professeur honoraire, en même temps qu'il reçut les palmes de l'instruction publique, décoration qui vint prendre place à côté de la croix de la Légion d'honneur qu'il portait depuis vingt ans, en rémunération des services rendus dans ses fonctions publiques.

Mais à la suite des récompenses décernées par l'Etat n'oublions par les témoignages d'estime et de sympathie rendus par les pairs, si bons juges de la valeur des hommes. L'Académie des sciences, belles-lettres et arts de Lyon, la Société nationale de médecine admirent de bonne heure M. Pétrequin dans leurs rangs, et, peu d'années après, l'une et l'autre de ces Sociétés savantes lui décernèrent les honneurs de la présidence.

Si j'avais à parler de notre confrère, à l'occasion de ces flatteuses mais délicates fonctions, je vous le montrerais toujours à la hauteur des circonstances, plein de tact et de courtoisie, s'inspirant du libéralisme qui respecte le droit de chacun, sachant néanmoins rete-

nir la' discussion et la ramener au besoin si parfois elle
s'égare : mais je préfère le suivre dans ses travaux. Je
le vois, à la Société de médecine, tantôt captiver l'attention sur des sujets pathologiques variés, tantôt pro-
duire l'étonnement par la connaissance profonde qu'il
a des auteurs anciens. La chirurgie d'Hippocrate, tra-
duite et annotée par lui, montre à quel point il a su
discerner les écrits véritables du maître de l'antiquité
d'autres traités similaires, et dans quelle mesure inatten-
due il a donné de la clarté à des passages diversement
interprétés. Toutefois, ce qui surprend par-dessus tout,
c'est qu'un pareil travail est son œuvre personnelle.
Voilà donc M. Pétrequin tout à la fois chirurgien con-
sommé et linguiste, pour qui la langue grecque n'a
plus de secret.

Au sein de l'Académie, les lectures de M. Pétrequin.
plus variées encore, sont toujours intéressantes, à rai-
son d'un certain cachet d'originalité. Un jour ce sont
des études sur les eaux minérales, une autre fois des
recherches bibliographiques sur les auteurs latins ;
une séance est remplie par de judicieuses apprécia-
tions sur les lexicographes français, une autre sur
un chapitre incompris d'Oribase.

Mais l'œuvre dans laquelle M. Pétrequin se montre
sous un jour nouveau, c'est la reconstruction des poésies éparses d'Eugène Faure. Des pièces sont complè-
tes, d'autres inachevées ; celles-là n'existent que par
fragments, 'celles-ci qu'à l'état d'ébauche. Eh ! bien
en littérateur émérite, notre collègue, recueille ces diverses assises d'un édifice en projet plutôt que com-

mencé; et, grâce à de minutieuses investigations, il remet chaque chose à sa place, trouvant même dans son propre fond la pierre qui doit combler un vide.

Quel était le mobile d'une pareille entreprise? M. Pétrequin était l'ami, le compatriote du poète mort avant l'âge et sans avoir trouvé d'éditeur ; il se souvint du mérite de ces vers et résolut de les tirer de l'oubli.

Dans tous les écrits de M. Pétrequin, si le fond est solide, la forme est irréprochable ; le style est clair et précis, la phrase correcte, les expressions sont appropriées, choisies de manière à faire jaillir la pensée avec lumière et vérité.

Aussi l'auteur, dans ses heures de méditation, en songeant aux travaux accomplis et à ceux qu'il avait en cours d'exécution, pouvait se reposer dans cette pensée du poète latin :

Non omnis moriar.....

Pourquoi faut-il que la maladie ait entravé bien des fois et que la mort arrête sans retour l'achèvement de l'œuvre scientifique de notre éminent collègue?

Depuis un an, sa santé chancelante éveillait des inquiétudes. Avec les mois qui s'écoulent, les forces diminuent dans des proportions sensibles. Vainement demande-t-il au climat du Midi une vigueur qui fait défaut, il en revient, ce printemps, avec des souffrances qui s'aggravent de semaine en semaine. Le mal grandit toujours à travers maintes péripéties, et, finalement, nous touchons au jour des appréhensions et des angoisses. La famille s'alarme, le malade lui-même comprend tous les dangers de sa position... Que va-t-il

faire à cette extrémité ? Puisera-t-il son courage, sa résignation dans une certaine philosophie qui définit l'homme : une simple agrégation moléculaire ? Philosophie
qui pousse au sensualisme et pose un bandeau sur les
yeux afin de mieux conduire ses adeptes à travers les
jouissances terrestres... Non, messieurs, une intelligence
comme celle de M. Pétrequin sait discerner la vérité de
l'erreur ; son âme se réconfortera dans les croyances.
C'est aux secours de la religion que le patient deman-
dera le soulagement dans les dernières luttes ; c'est là
qu'il cherchera les consolations capables d'adoucir les
déchirements de la séparation.

Faiblesse de l'organisme ! effet de la maladie ! criera
peut-être quelque vain sceptique. Non, répondrai-je à
mon tour, plus on avance dans la vie, plus les problè-
mes d'outre-tombe surgissent et assaillent l'esprit, qui
sent de mieux en mieux combien ils s'imposent à chacun, en dépit des efforts tentés pour en éloigner la so-
lution. Plus tard, quand le terme approche, la pensée
se tourne vers les grands horizons, d'où vient l'espé-
rance qui relève le courage et ramène le calme au milieu des plus rudes épreuves...

Si quelque chose peut adoucir la peine d'une famille en pleurs, n'est-ce pas l'impression que ressent
la foule nombreuse accourue à ces funérailles ? Son recueillement, sa tristesse affirment bien plus que des dis-
cours la grandeur de la perte éprouvée par les parents,
les amis, par le corps médical tout entier.

Venez, chers confrères, qui fûtes avec moi les élèves
de M. Pétrequin, apportons ensemble, au bord de cette

tombe, l'hommage de nos regrets ; déposons sur ce cercueil le tribut de notre gratitude pour l'enseignement et les exemples que nous avons reçus dans notre jeunesse. Et vous, mes chers collègues, chirurgiens de l'Hôtel-Dieu, vous ne me refuserez pas, puisque le privilége des années me fait aujourd'hui votre doyen, non, vous ne me refuserez pas de dire toute l'estime que vous aviez pour notre savant prédécesseur, tout le prix que vous attachez à ses œuvres, toute la douleur que sa mort vous inspire..... Puisse notre suprême adieu à ce maître vénéré retentir jusque dans le cœur de sa veuve, de ses enfants, et devenir pour eux, plongés dans le deuil, un sujet de consolation.....

9 782329 02832